9 783347 002449

Printed by BoD™in Norderstedt, Germany